Du bist ein Superstar

HANS J. STOMPLER

Du bist ein Superstar

Non Stop to the Top!

Bibliographische Information der Deutschen Bibliothek:
Die Deutsche Bibliothek verzeichnet diese Publikation in der Deutschen
Nationalbibliographie; detaillierte bibliographische Daten sind im Internet unter
<http://dnb.ddb.de> abrufbar.

© 2012 - Hans J. Stompler

Umschlaggestaltung: Hans J.Stompler

Herstellung und Verlag: Books on Demand GmbH, Norderstedt

Titelbild: Laughlin Elkind, Ithaca, NY (Mar de Cortez sunrise)

Printed in Germany

ISBN: 978-3-8482-2627-6

Vorwort

Liebe Leserin, lieber Leser!

So unglaublich und zugleich wunderbar das alles klingt: Es ist die Realität, die eine Wahrheit!

Diese Wahrheit, wer wir sind, wurde und wird verfälscht weitergegeben, um uns ängstlich, abhängig und manipulierbar zu machen.

Das funktioniert nun nicht länger, denn ein allgemeines Erwachen hat begonnen.

Du und ich sind hier, um Erfahrungen zu sammeln und Licht ins Dunkel zu bringen. Jeder auf seine eigene Art und Weise.

In dem Bewusstsein, wer wir sind, heben wir unsere Erde, mit allem Drum und Dran in höhere Dimensionen – in ein 'Goldenes Zeitalter'!

Herzlichst
John

Selbstgespräche

Geliebtes ICH BIN,
wer bin ich?
Sag's mir:
In der Quelle, aus der Quelle
bin ich ein Teil
von Dir!

Geliebte Quelle,
die Du atmest
in mir,
wie Du alles durchwebst,
bist Du auch
in mir!

Du erhellst nicht nur mich,
sondern alles,
was ist,
einen jeden Menschen
so auch
Moslem und Christ!

Geliebtes ICH BIN,
Mutter Erde
bebt,
in Dir
erschafft sich
alles, was lebt!

Oh heilige Du
mein Leben
auf Erden,
damit das Reich
der Liebe
kann werden!

Lass Frieden mich finden,
und
selbst Frieden sein,
ihn leben,
denn
nichts kann schöner sein!

*Schenk mir das Brot
und
den Trank des Lebens,
statt Hader und Zorn,
die Kunst
des Vergebens!*

*Erfülle mich mit
der Kraft der Liebe
zu allem, was ist
und
zu jedem.
Stets Friede!*

*Lass mich Dich fühlen
als erstes
am Morgen,
glücklich und frei
von
allen Sorgen!*

*Die Liebe zu mir
und
zu allem, was ist
bringt
Frieden auf Erden!
Weil das so ist!*

*Hilf mir dabei,
mich selbst
zu erkennen
und
alle begrenzenden
Ketten zu sprengen!*

*Hilf mir zu leben,
mein geliebtes
ICH BIN,
Schwestern und Brüder,
das gibt doch
Sinn!*

Erkenntnisse

Geliebtes ICH BIN,
in und aus der
Quelle,
sprich weiter
mit mir
an dieser Stelle!

Ich vertrau' mir selbst
und
den Ideen,
die von Innen kommen
so soll's
gescheh'n!

Ich bin nie allein,
nicht einen
Schritt,
meine Helfer
und Höheren Selbste
geh'n immer mit!

*Meine Höheren Selbste,
das ist der
Trick,
verschaffen mir
diesen
Überblick!*

*Ich entscheide immer
aus dem
Augenblick
nicht aus der Vergangenheit,
ein weiterer
Trick!*

*Ich sage Dir klar,
was ich so
will,
und Du zeigst mir
Wege
zu meinem Ziel!*

ICH BIN beschützt,
ein
Gotteskind!
Nichts und niemand
über mich
bestimmt!

Dies ist die Wahrheit
hier
auf Erden,
ab jetzt
wird alles
besser werden!

Wir alle
steigen auf
geschwind
in
Goldne Zeiten,
ganz bestimmt!

Das Rezept

*Das ist fürwahr
die größte
Kraft:
Sprich's aus,
was Du
im Sinn so hast!*

*Dann wird,
wo vorher nichts
bestand,
was Gutes
werden.
Allerhand!*

*Mein Höheres Selbst,
mein bester
Freund,
ich sprech
mit Dir,
brauch keinen Joint!*

Die Energie

So langsam
wird mir alles
klar,
ich selbst
ICH BIN
der Superstar!

Mein Höheres Selbst
und ich
sind Eins,
kein Halten
gibt es,
wirklich keins!

Dies ist auch nicht
der Zeiten
Ende,
nein, der Beginn,
die
Zeitenwende!

Das Material

*Alle und alles
was ist,
ist Liebe,
im kleinsten Atom
und im
Pflanzentriebe!*

*Auch Du bist aus Liebe,
aus Liebe
gemacht!
Wer von uns
hätte
das jemals gedacht!*

*Du bist das Größte,
Du bist
der Star!
Dies wurd' Dir verheimlicht,
das ist ganz
klar!*

*Aus der Liebesbotschaft
wurde
Religion,
uns zu versklaven,
Du ahnst es
schon!*

*Uns in Angst und Schrecken
zu
versetzen:
Folgt nur schön brav
unsr'en
Gesetzen!*

**Das sagen sie,
und
sind noch high,
doch diese Zeiten
sind
vorbei!**

Das oberste Gebot

Das oberste Gebot
ist
Freier Friede,
nur so kann wachsen
in uns
die Liebe!

Sie ist der Baustein
für
Goldene Zeiten,
die können wir alle
uns jetzt
hier bereiten!

Da wir nun alle
sind
Schwestern und Brüder,
gibt's kein' Grund zum Streiten!
Niemals!
Nie wieder!

Wer wir sind

Du bist ein Teil der Lichterkette,
die unsre schöne
Welt erhellt
und
auch das Universum selbst,
das Universum selbst darstellt!

Du bist als Teil
der
Liebesquelle
erstaunlich gut!
Auf
alle Fälle!

Du bist geliebt
von
der Familie,
die waren und sind
und
das sind viele!

Du bist unsterblich,
das ist
klar
und auch noch
erblich!
Wunderbar!

Wir geh'n weiter und weiter,
es gibt keinen
Tod!
Wir verlassen den Körper
in dem wir
gewohnt!

So taten es alle,
so tun es auch
wir!
Sie sind nicht gegangen,
sie sind noch
hier!

*Ist erst die Wahrheit
mal
bekannt,
dann staunen wir,
sind
wie gebannt!*

*Ist erst einmal
der Weg
erprobt,
dann weicht die Angst,
dies
sei gelobt!*

*Von Angst in Liebe
wechseln
wir!
Das ist so schön,
wir bleiben
hier!*

*Wir verlängern einfach
unser
Leben!
Was kann es da
wohl
schön'res geben!*

*Humor,
er wird Dir
Freude bringen!
Benutze ihn
zu
allen Dingen!*

*Probleme zu lösen,
ist unser
Ziel!
Fang einfach an
und
frag nicht viel!*

Praktische Tipps

*Vergib Dir selbst,
dann
wirst Du nicht
andre verurteiln,
wie
ein Gericht!*

*Willst Du frei sein
in Dir,
sei so wie Du bist,
dann bist Du authentisch!
Weil's
einfach so ist!*

*Geh in Liebe durchs Leben,
dann bist Du
ein Licht,
das Dunkles erhellt,
Du weißt
es nur nicht!*

Sei voller Mut
und
Sicherheit,
wer Dich belächelt
kommt
nicht weit!

Wer's weiter bringt
wird
oft verlacht,
von dem,
der es
zu nichts gebracht!

Wenn mal ein Mensch
nicht
strahlt wie Du,
dann gib ihm Zeit,
lass
ihn in Ruh'!

*Vermeide alle
jene
Sachen,
die krank und dumm
Dich
doch nur machen!*

*Auch halt stets Maß
in
allen Dingen,
das wird
Dir
große Freude bringen!*

*Lass es niemals
zu sehr
'krachen',
das schwächt Dich
und
ist nicht zum Lachen!*

Nur starkes Licht,
darauf
kommt's an,
das
Dunkle
stets erhellen kann!

Auch kannst Du
bitten
für 'nen bösen,
sich zu befrei'n,
sich
zu erlösen!

Glaube mir,
es
funktioniert,
denn
ich hab'
alles ausprobiert!

Bleib Du das Licht
in
dieser Welt,
das
alles Dunkle bald
erhellt!

Wo Du erscheinst,
da wird es
Licht,
das Dunkle
dort
zusammenbricht!

Versklav' Dich auch nicht
an all den
Plunder!
Ein freier Mensch
ist
viel gesunder!

*Wenn Dich an jemand
was
verdrießt,
es ist ein Spiegel
was
Du siehst!*

*Entdeckst in Dir
Du dunkle
Sachen,
dann schick sie fort
mit
einem Lachen!*

*Dein Spiegelbild
wird immer heller!
Gutes
entdeckst Du
immer
schneller!*

*Sorg' Dich nie
und
habe Mut,
denn
alles wird
ganz sicher gut!*

*All Deine Träume
werden
wahr,
denn
Du bist ja
der Superstar!*

*All dies,
was ich
Dir näher bringe,
es funktioniert,
sei
guter Dinge!*

Hab Mut und hör
auf
'Deinen Bauch'
denn:

DAS WAS ICH KANN, KANNST DU
AUCH!